寺村祐子染織作品集

求龍堂

Works of Yuko Teramura

寺村さんのこと

柚木 沙彌郎

寺村さんとは女子美術大学でも国画会でも長いお付き合いだし住まいも近い。いつか女子美からの帰り道、バス停で一緒になったことがあった。その頃三人の年子の男の子の子育ての最中だったかもしれない。寺村さんが「柳先生（柳 悦孝）が、せっかくみんな工芸科で勉強しても、卒業すると仕事を止めてしまうからつまらないとおっしゃっていらしたから、私は何としても頑張ってみるつもりです」と言っていたのを覚えている。柳先生はこれが男子学生だったらというのが口ぐせなのだ。

寺村さんはバス停での宣言どおり、当時から今に至るまで家事と仕事を両立させ通している。幸いなことにご家族の協力があったとしても、これはその質のたかさを考えると並大抵の努力ではなかったに違いない。

寺村さんが女子美を卒業した1963年頃を振り返ってみると、東京オリンピックがあったのはその翌年で、日本の国が戦後を脱し平和になり、物資もほどほどにあり、人々の創意工夫の余地もあったから活力に満ちていたように思う。工芸科の学生が、自分で織ったウールの布を自分で仕立てたオーバーを着て歩いて行く姿を見て、何となくぎこちないけれども、存在感が周囲を圧していて微笑ましく思った事をよく覚えている。今の時代では一寸考えられない光景である。柳先生は、壮年の働き盛りだし、初めての定職だったので張り切っていた。先生は全くの独学で織の技術を修得したので、およそ教科書や学校風ということが一切なく、教えられたことは身につかないが、自分で覚えたことは一生忘れられないというのが工芸科の方針で、そんな教育法がうまく機能した時代だったから、寺村さんのクラスは活気にあふれ、特にウールの素材が学生たちの日常生活にぴったりだったので、色彩も明るく、学生も先生も仕事をするのが楽しくて仕方がないという雰囲気だった。

寺村さんは女子美を卒業してから約10年して研究室に入るが、間もなく人生の転機に遭遇する。それは第一次オイルショック（1973年）によって引き起こされた。石油や石炭の天然地下資源を原料とする“合成染料”の多くが製造中止となり、女子美工芸のウールの染色授業も続けて行くことが困難になってきたのだ。もともと我国のウールは明治中期に合成染料が輸入されるようになってからなので、歴史の長い絹や綿とは違って植物染料の開発が殆ど手つかずのままだった。柳先生は寺村さんに「この分野の研究は未開拓だから、君のライフワークにするといいよ」と言って参考書として手渡されたのが、染色技法書のバイブルといわれているエセル・メレのベジタブル・ダイ（植物染色）のコピーだった。

寺村さんはベジタブル・ダイの翻訳からスタートする。それには寺村さんのお母様の協力があった。この本には古典的な言い回しがあったり、弟子の口述筆記かと思わせる部分があったり、また地衣類の章のように相当に専門的な記述が含まれているという、複雑で難解なくせものであるらしい。語学が専門のお母様は、早朝決まった時間に寺村さんを誘って翻訳の作業に取り組んだという。寺村さんのご両親はともに学者である。かつて寺村さんの結婚式に出席した時、私の出身の旧制高等学校で担任教師だった哲学の先生がいてびっくりしたら、それはお母様の兄さんだと紹介された。とにかく寺村さん一族は学究系である。寺村さんが根気よくウールの染色の研究に取り組めるのもわかる気がした。

とにかく恩師からバトン・タッチされたベジタブル・ダイを基礎にして、羊毛の植物染色、発色、堅牢度の研究、殊に我国では入手困難であるがすぐれた染料である地衣類の研究、それらの研究を裏付ける膨大な標本の作成等によって、羊毛染織の後進国である日本に貢献する業績を、寺村さんはあげている。

さてベジタブル・ダイを世の中に残したエセル・メレ(1872〜1952)のことは、メレ夫人の愛称で既に、濱田庄司や柳宗悦によって80年以上も前から我国に紹介され、大正時代には作品展も開かれている。

私たちがまだ若くて、日本民藝館の陳列を手伝っていた頃、濱田先生が3時のおやつをおみやげに携えて現れて、皆と一緒にお茶を飲みながら、何の話だったか、自分のセント・アイヴス時代のことを喋り始めた。濱田がバーナード・リーチに誘われてイギリスに渡り、セント・アイヴスで日本式の窯を築いて作陶を始めたのは1921年で、27歳のことである。折角イギリスまで来ていながら、自分たちが貧乏だから君をいろいろ案内できないとリーチが言った時、濱田は「いや、セント・アイヴスここにいるだけで充分だ。この小さな漁港の教会を中心とする人々の暮らしぶりの静かなこと、落ち着きのあることに感心しているのだ」と答えた。そのような中でエセル・メレの美しい布の作品に出遭った。そしてリーチと一緒にディッチリングのメレ夫人の宅と工房を訪れた。その夜夫人は、二人を美しい食卓に招いたのだ。手作りのご馳走が最良のスリップウエアの皿に盛って出された。部屋の調度家具は統一がある。

この豊かな充実した空間の静かなこと、濱田はメレ夫人の仕事と生活の調和に感心した。濱田がイギリスで学んだことは、メレ夫人の正しい生活の中に要約されている。帰国後彼は、渡英以前に目をつけていた益子に居をさだめ、益子の暮らしの中から自分の仕事を実現させていった。のちに、この濱田の生活ぶりを、一度お宅に招かれたことのある寺村さんは、豊かな食卓の手作りの器に盛られた数々のご馳走、賑やかでお客を大切にする濱田のホスピタリティーのおかげで、一層忘れ難いひと時だったと述懐した。濱田が柳宗悦らと建ち上げた民芸運動の中に、メレ夫人の仕事と生活は活かされているのだと思う。

私は、寺村さんがウールの植物染料の研究を始めて以来、メレ夫人のベジタブル・ダイを巡って大きく開かれた世界に足を踏み入れたように感じている。イギリスには夫人にゆかりのある美術学校やミュージアムがあり、メレ夫人の二代目、三代目の人たちが活発に仕事をしている。寺村さんが訪ねると有益な情報を得ることができる。古くてもよいものは永久に残すべきだと考えるイギリス人に受け継がれて、ベジタブル・ダイの原本をはじめ、メレ夫人のあたたかくピュアな作品に触れることが出来たとき、寺村さんは年を重ねて巡り合う輪廻の定めを感じたのではないだろうか。

今度寺村さんの作品集が出版されるという。私は美しい本が出来ることを期待している。寺村さんはまだ早いのではないかと謙虚に心配している。が、そんなことはない。これまでの業績、美しい作品の数々は、若い人にとっても意義の深いものがあるからだ。

寺村さんの健康と活躍をお祈りします。

※文中、寺村さんの訳書『植物染色』(エセル・メレ著、慶応義塾大学出版会、2004)から引用しました。

(染色工芸作家・元女子美術大学学長)

目次

図版

※寸法は、縦×横（cm）で表示

1
敷物「Composition '64」
1964
250×160

2
昼夜織経絣敷物
「白と黒の寓話」
1968
250×160

3
経絣昼夜織飾り布「過ぎた夏」
1968
357×92

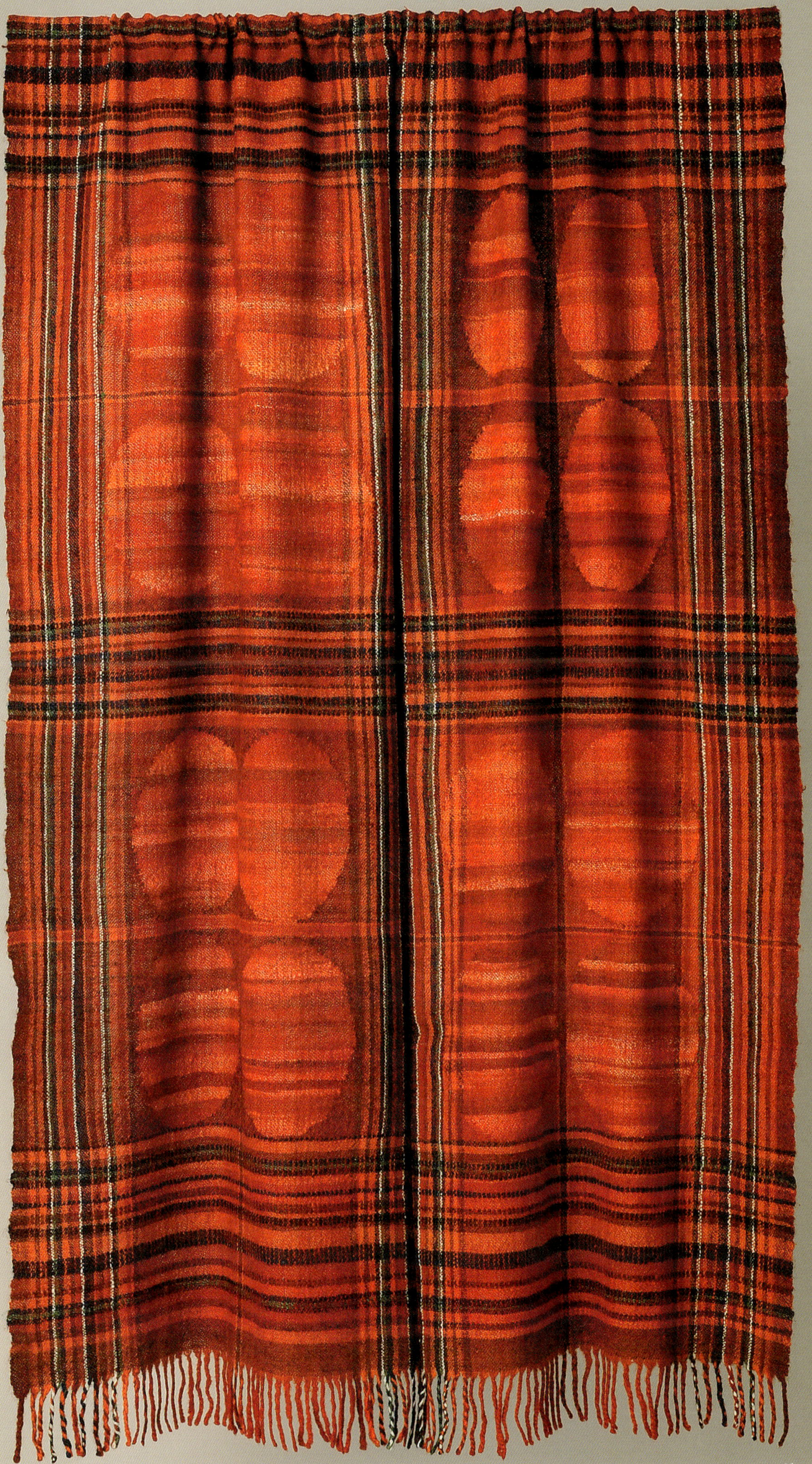

5
ベッドカバー
「Sunset in Titicaca」
1970
210×160

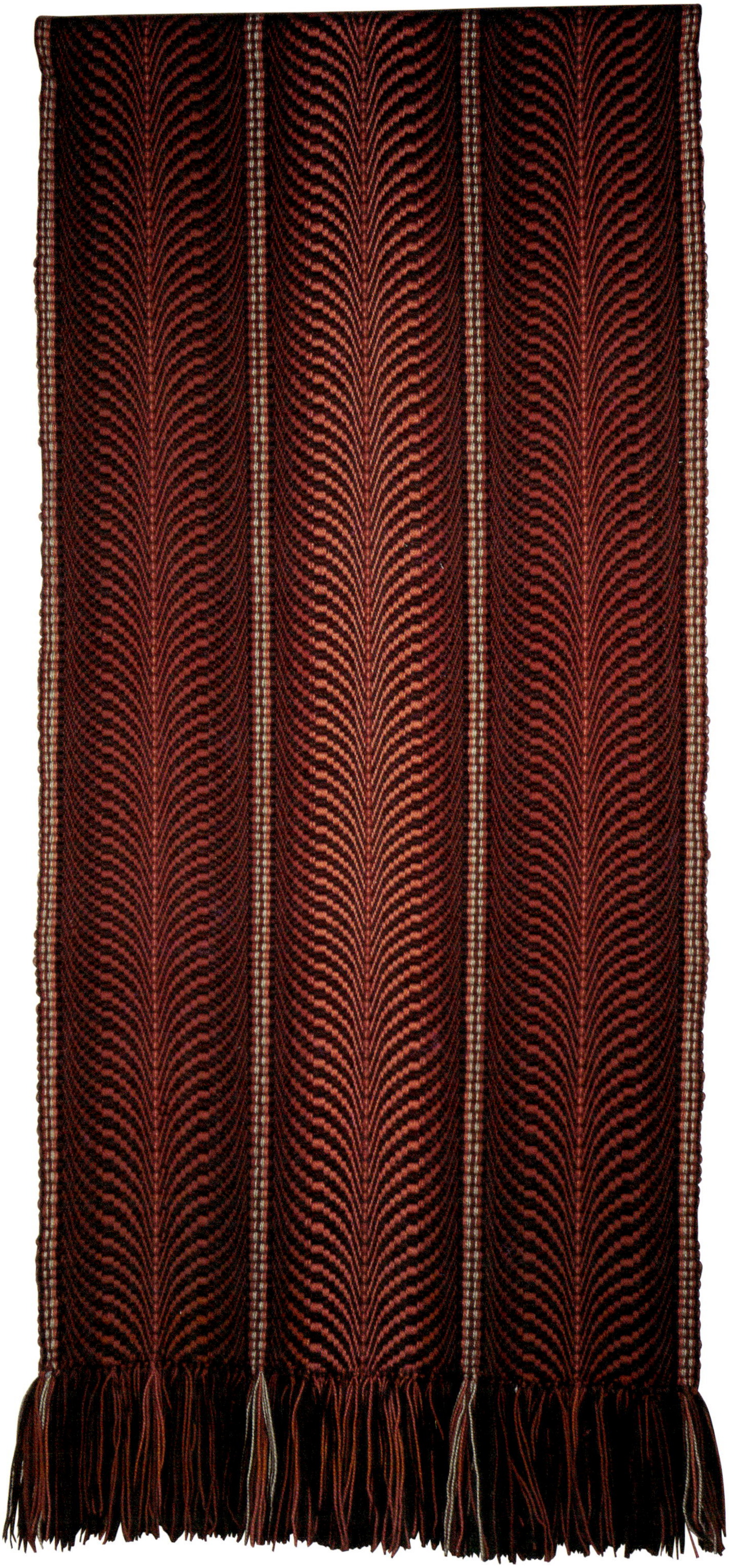

6
綾織飾り布「焔」
1971
210×80

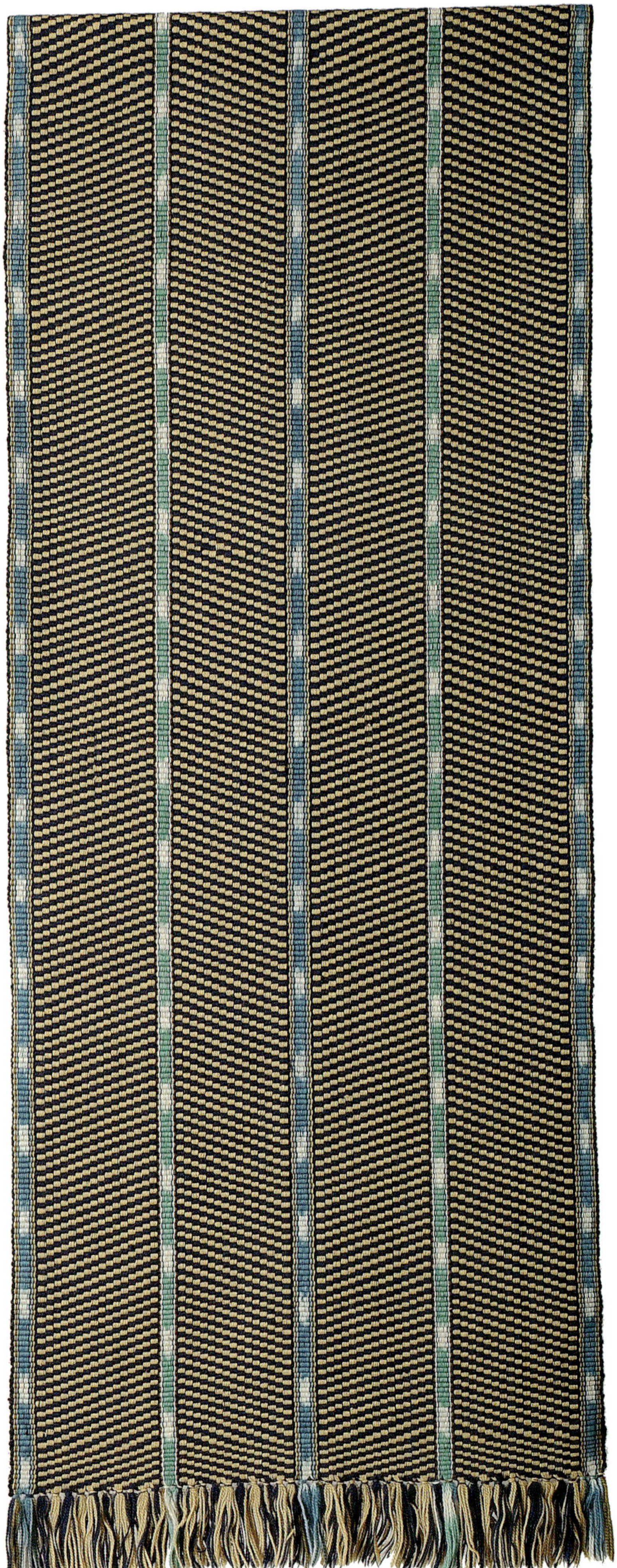

7
綾織飾り布
「時の流れ」
1971
205×80

8
飾り布
「白と黒の対話」
1971
185×76

9
円形敷物「円・発進地」
1972
直径180

10
楕円形敷物
1973
184×136

14
楕円形敷物
1974
230×160

11

絹緯絣ベッドカバー「春爛漫」

1973

250×250

12
敷物「骨貝」①
1973
155×72

13
敷物「骨貝」②
1973
160×75

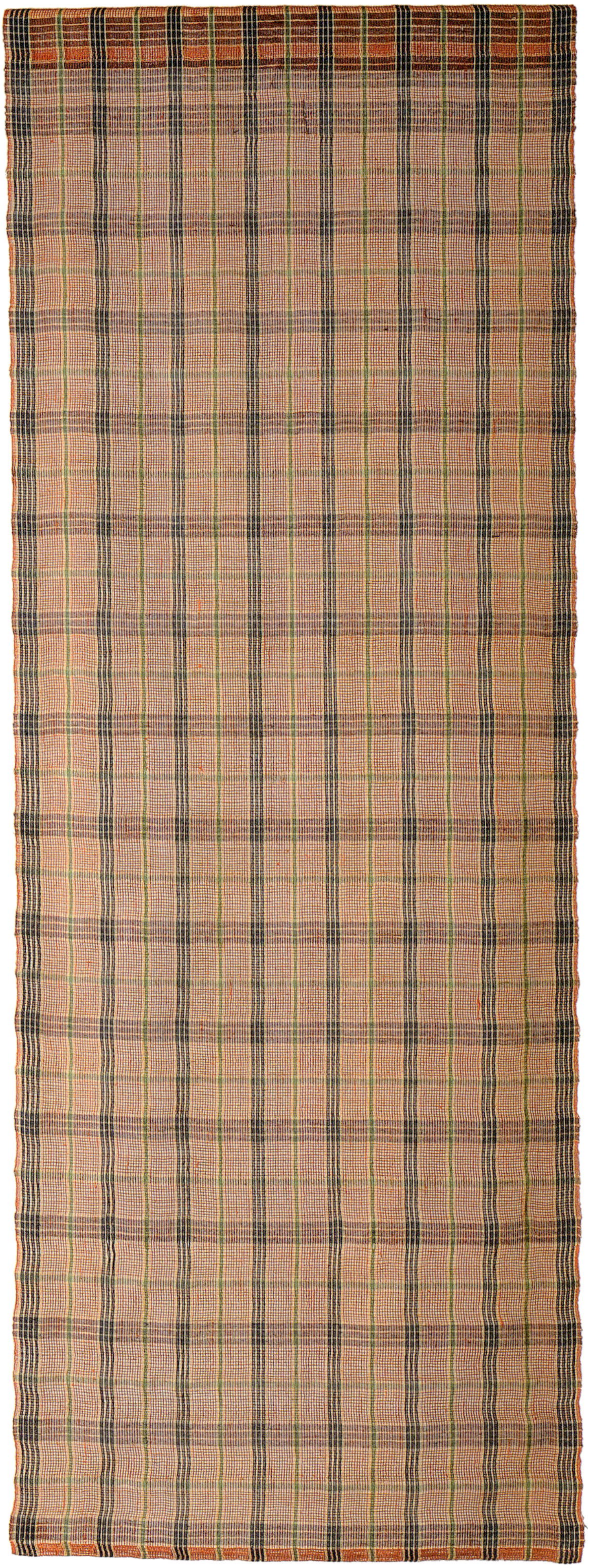

16
麻格子間仕切り
1974
230×80

17
ベッドカバー
1976
230×180

18
椅子掛け
1981
160×300

19
敷物「My memory」
1983
180×100

21
絹経絣飾り布「赤と白の対話」
1986
230×160

20
絹飾り布「宴」
1984
200×82

22
タペストリー「流れ」
1987
250×90

23
手紡綴織ひざかけ
1990
80×180

26
タペストリー「カラコルムの風」
1991
240×140

右「花壇」の下図

24

タペストリー「花壇」

1991

250×160

28
「望・モンゴル」①
1992
270×50

29
「望・モンゴル」②
1992
270×50

30
「望・モンゴル」③
1992
270×50

25
綴織敷物
1991
180×80

32
ベッドカバー「8ビート」
1992
260×150

31
ベッドカバー「4ビート」
1992
260×150

33

タペストリー「花朶（カダ）」

1993

250×100

34
タペストリー「Scotland - 8月」
1993
200×130

37
タペストリー「春烟」
1995
250×85

38
絹吉野織着物
1995

40
タペストリー「追想・ハリス島」
1996
240×84

41
絣ひざかけ
1996
82×200

42
タペストリー「ルイス島の想い出」
1997
193×90

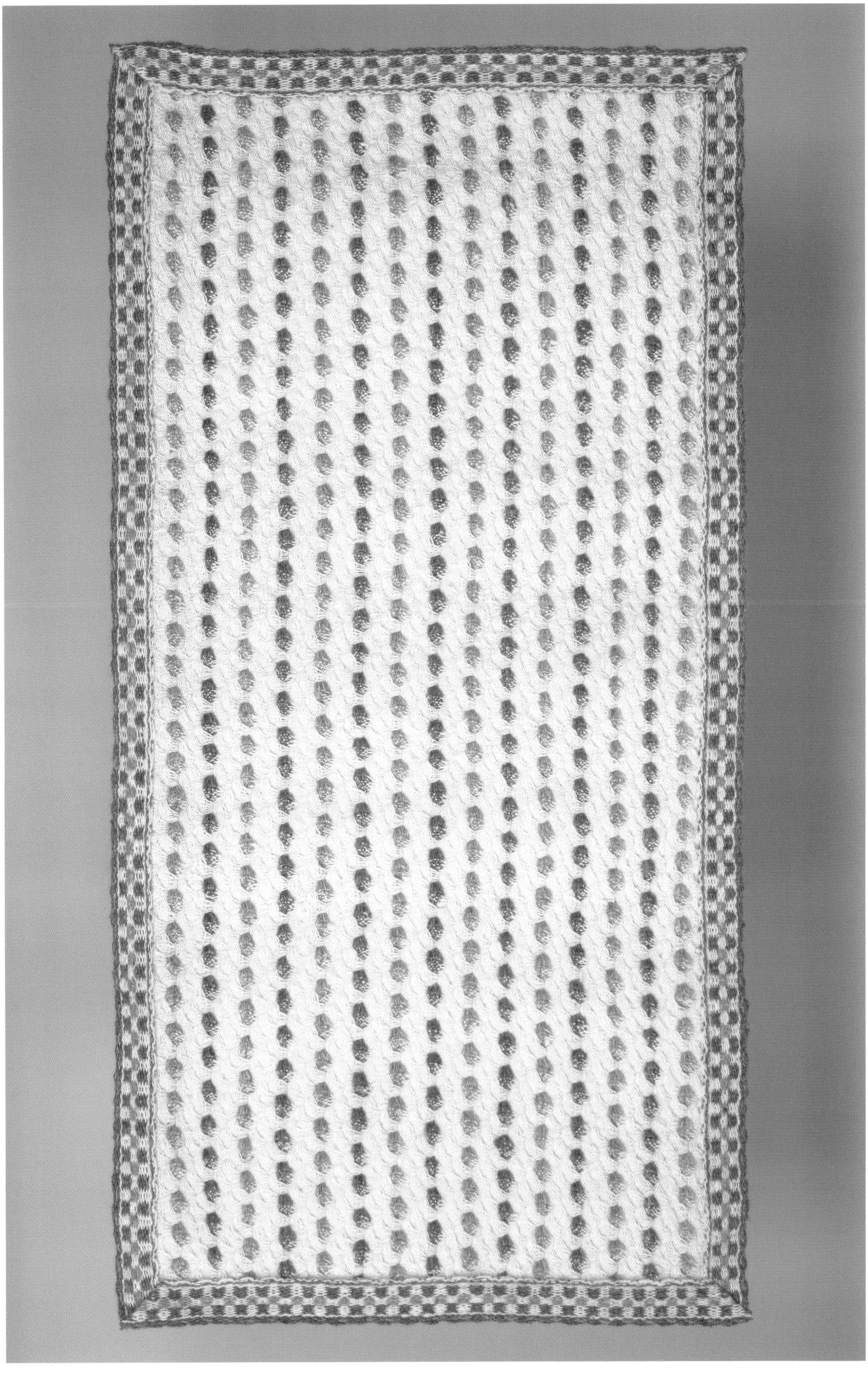

44

タペストリー「’99 春を待つ」

1999

200×90

27
タペストリー「カラコルム　夏祭り」
1992
150×95

43
タペストリー「コーンウォール　5月」
1998
220×100

45
タペストリー「緋紋」
2000
180×100

69

飾り布「斑鳩の春霞み」

2008

250×135

47

タペストリー「陽春」

2001

530×82

48
タペストリー「ボスポラスの夕焼け」
2002
400×90

39

タペストリー「ユーカリの詩」①

1996

117×65

49
タペストリー「ユーカリの詩」②
2002
130×80

50
タペストリー「ユーカリの詩」③
2002
130×80

chillida - galerie maeght

麻テーブルセンター

51
タペストリー「カラコルム　早春」
2003
275×85

53
タペストリー「スカイ島の夏（霧と風とヒースと）」
2004
250×120

54
タペストリー「ユーカリの大地から」
2004
150×65

55
タペストリー「ギザギザ」①
2004
80×30

56
タペストリー「ギザギザ」②
2004
80×30

カシミアマフラー

57
タペストリー「アルパカ牧場にて」
2004
170×83

59
椅子掛け「秋の彩」
2005
230×115

60
タペストリー
「タシケントの春’06」
2006
240×97

64

タペストリー「崑崙の春」

2006

220×120

61
タペストリー「沙漠の風」
2006
195×64

62
ヤク敷物「夜のしじま」
2006
143×65

63
手紡アルパカマント
2006

67
タペストリー「白と黒　リズム」
2007
195×85

68
単帯
2007
395×29

70
タペストリー
「草原・春遠からじ」
2008
232×92

72
マット「吉野」
2009
84×64

71
マット「Lucieに魅せられて」
2009
90×70

73
タペストリー「石庭」
2009
60×77

74
タペストリー「秋燃える」
2009
185×60

75
タペストリー「アンデスの宴’10」
2010
300×70

76
タペストリー
「蒼天の風'11」
2010
240×120

77
テーブルクロス
2011
150×45

78
タペストリー「Olive」
2011
300×70

52

タペストリー「オルホン村の朝」

2003

176×70

15
格子綾織飾り布
1974
各230×80

65
タペストリー「Pitch cart」①
2006
140×66

66
タペストリー「Pitch cart」②
2006
130×66

79
タペストリー「ウェンズリーデール　薄暮」
2011
187×80

80
絣椅子掛け「彩」
2011
238×77

参考図版

個展風景（1973）

敷物（1967）

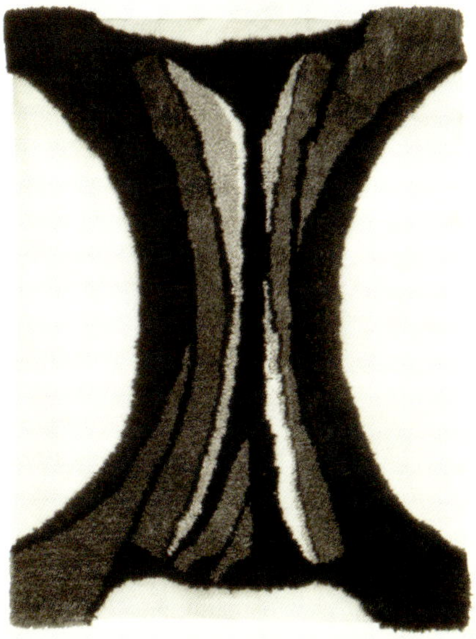

敷物（1964）

円形敷物（1968）

個人宅

手紡タペストリー（1980）

円形敷物（1962）

植物染色資料

※ここに紹介するのは、長年取り組んでいる、
羊毛の植物染料の研究の一部。

ハス（葉）
媒染

ダイヤーズ・ブルーム＝エニシダ（花）
媒染

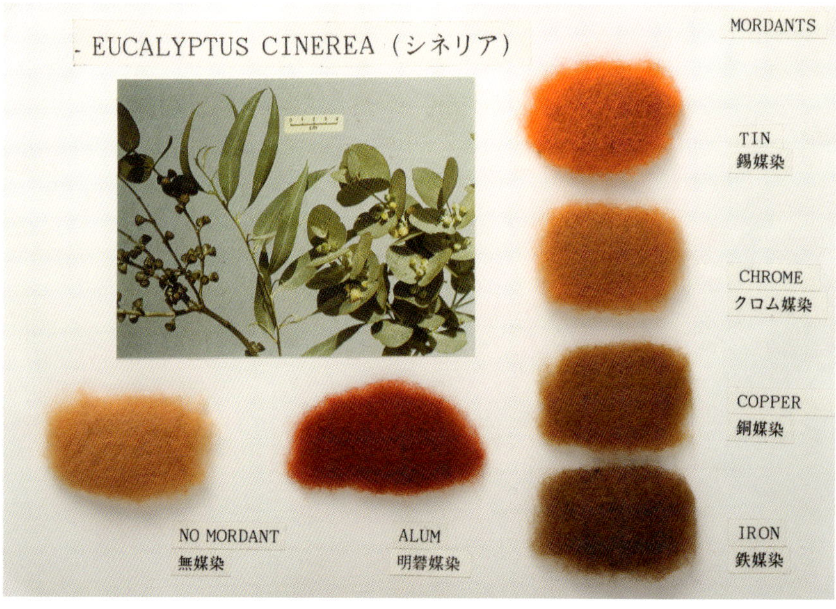

ユーカリ シネリア（葉）
媒染

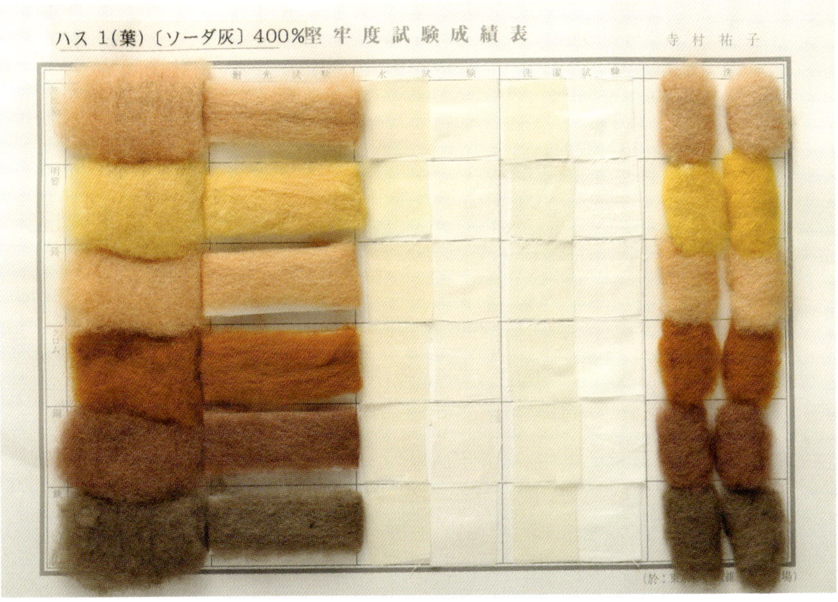

ハス（葉）
堅牢度試験

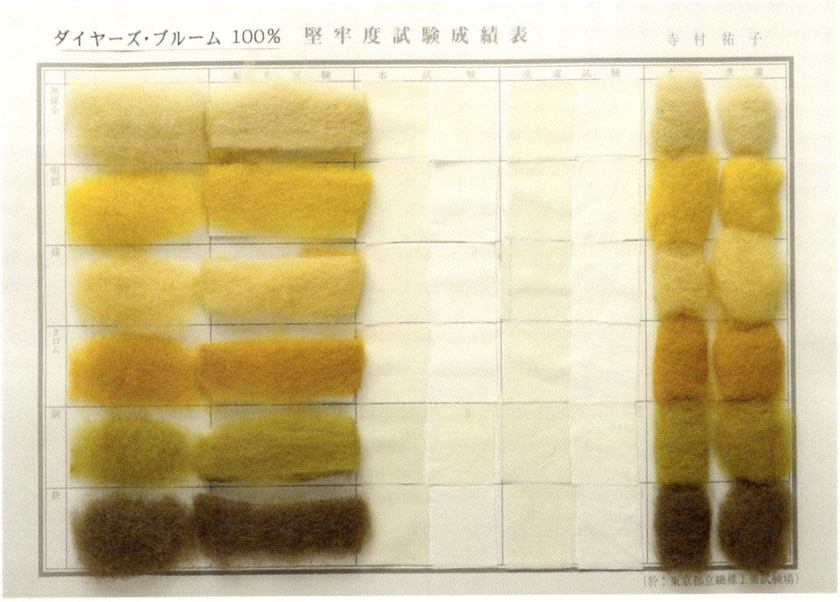

ダイヤーズ・ブルーム＝エニシダ（花）
堅牢度試験

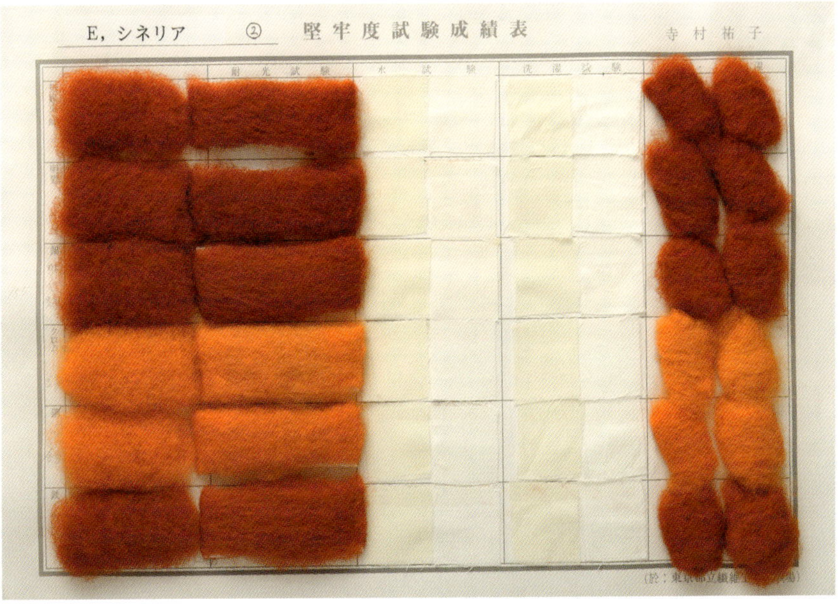

ユーカリ シネリア（葉）
堅牢度試験

タンポポ（花）
媒染

クサギ（葉）
媒染

マツゲゴケ／地衣
媒染

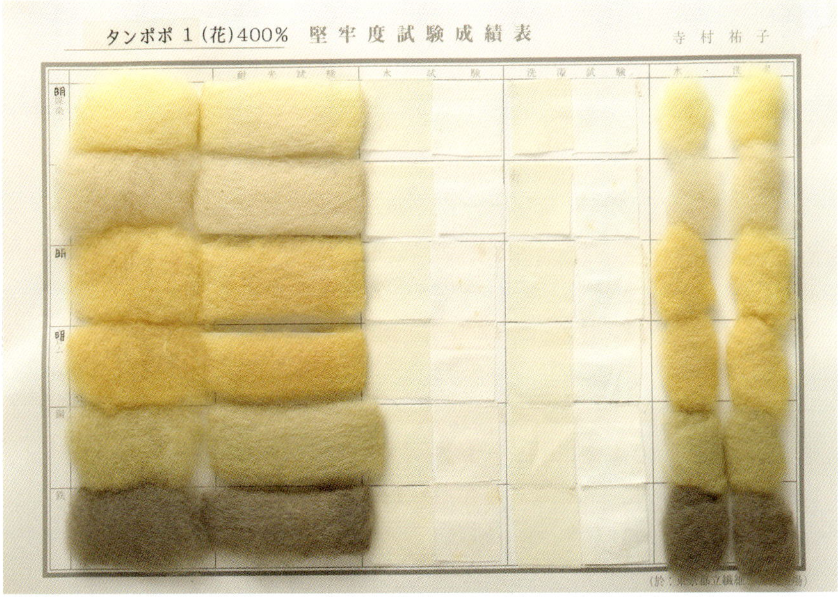

タンポポ（花）
堅牢度試験

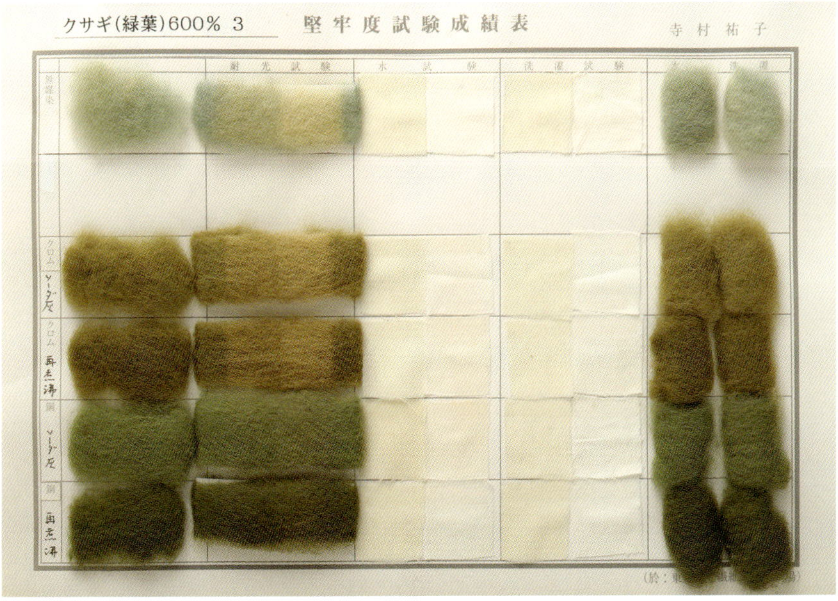

クサギ（葉）
堅牢度試験

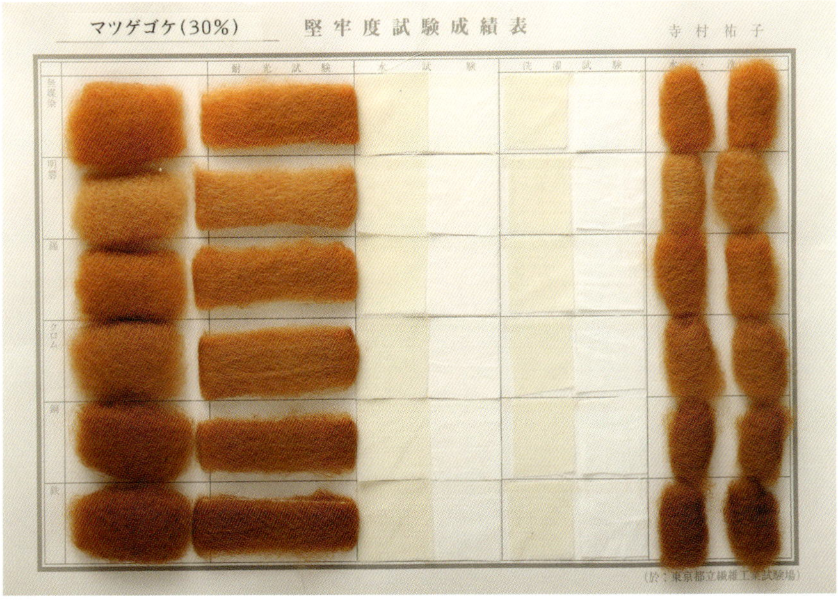

マツゲゴケ／地衣
堅牢度試験

カイメンタケ／キノコ
媒染

サフラン（花芯）
媒染

ロクショウグサレキン／キノコ
媒染

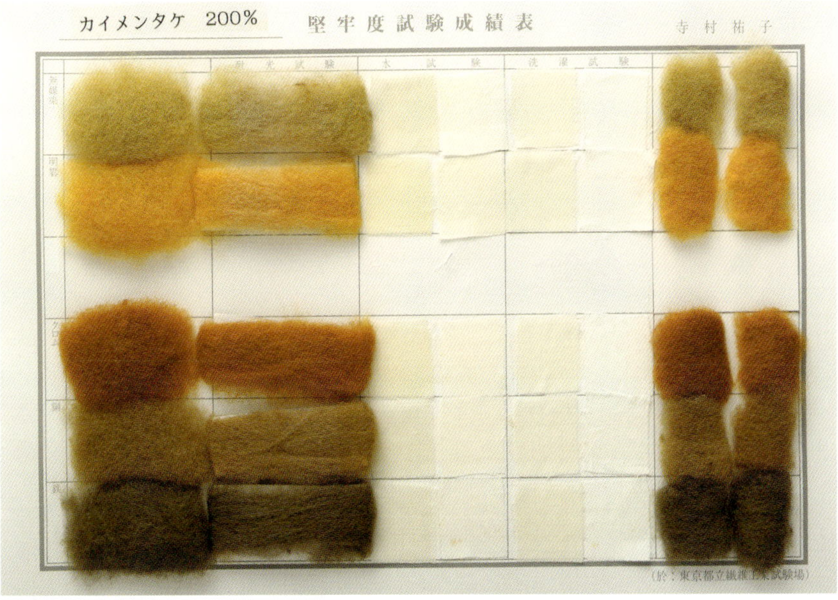

カイメンタケ／キノコ
堅牢度試験

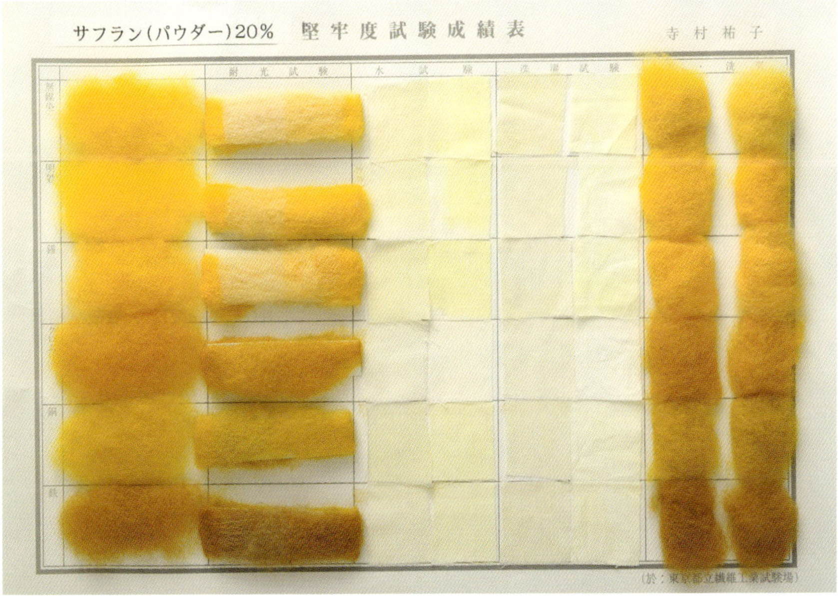

サフラン（花芯）
堅牢度試験

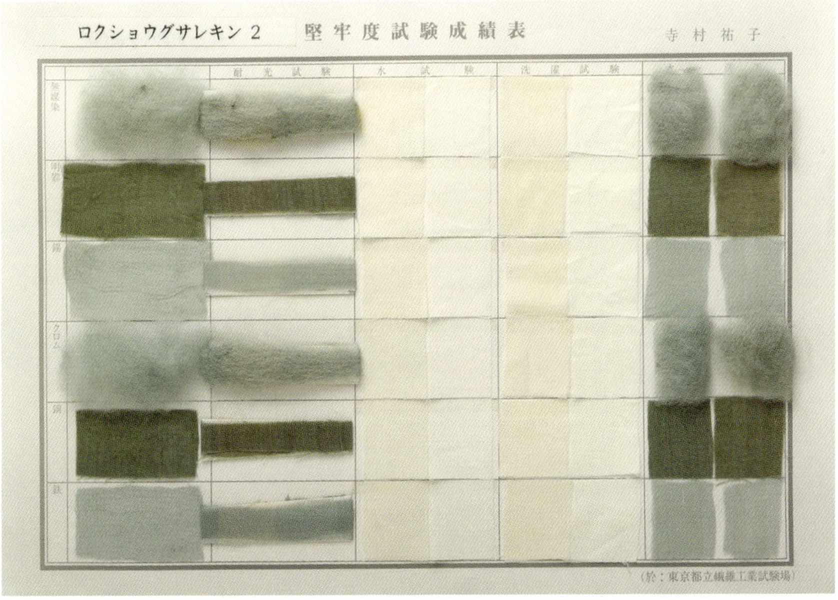

ロクショウグサレキン／キノコ
堅牢度試験

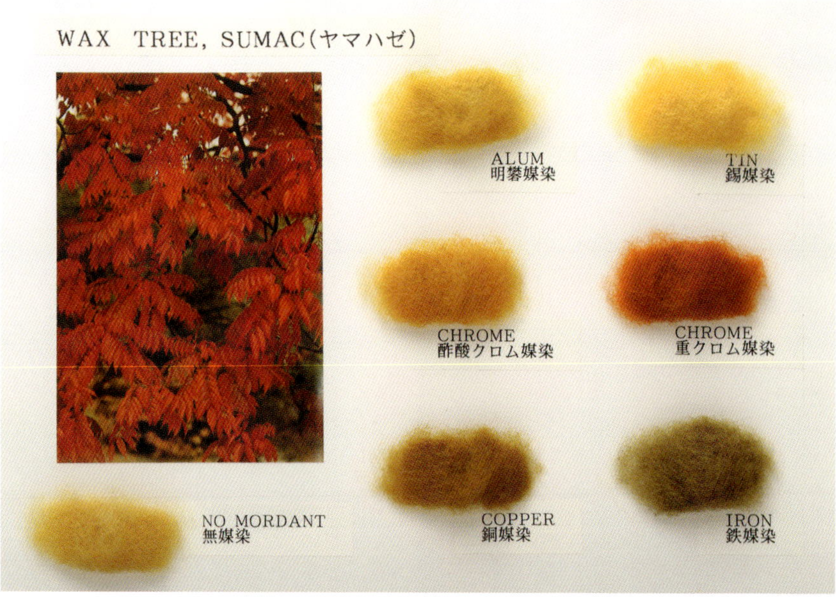

ヤマハゼ（芯材）
媒染

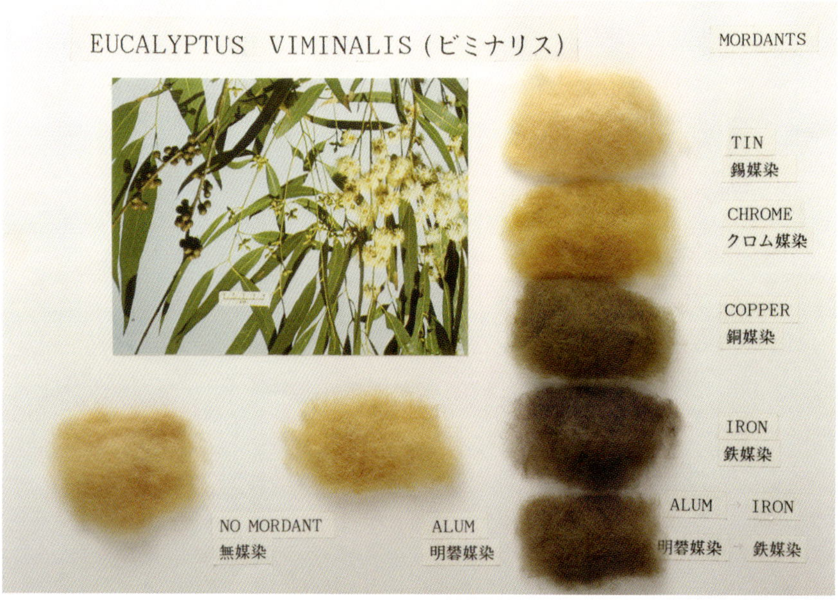

ユーカリ ビミナリス（葉）
媒染

ウメノキゴケ／地衣
媒染

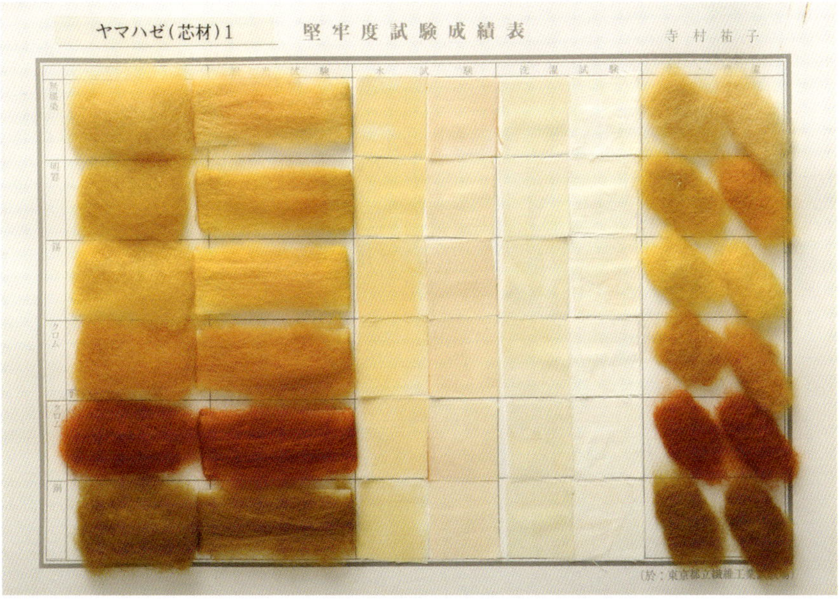

ヤマハゼ（芯材）
堅牢度試験

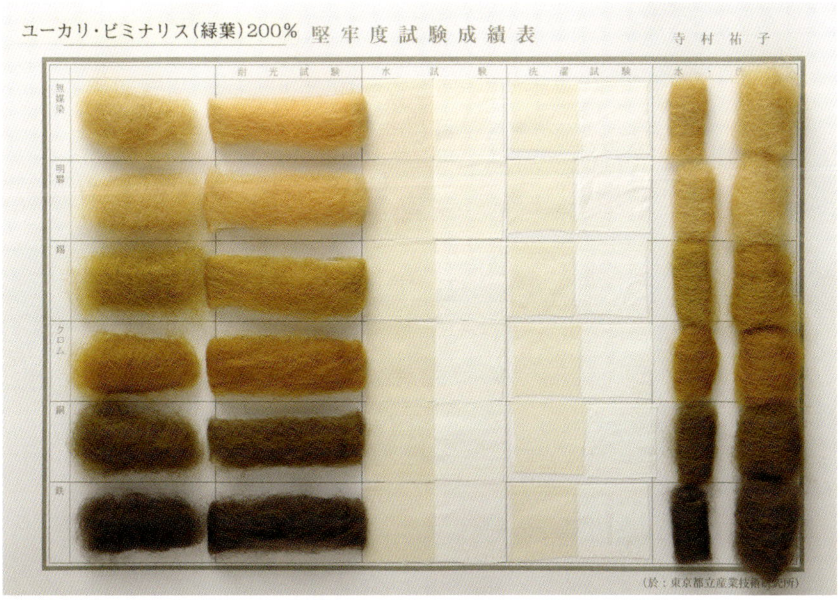

ユーカリ ビミナリス（葉）
堅牢度試験

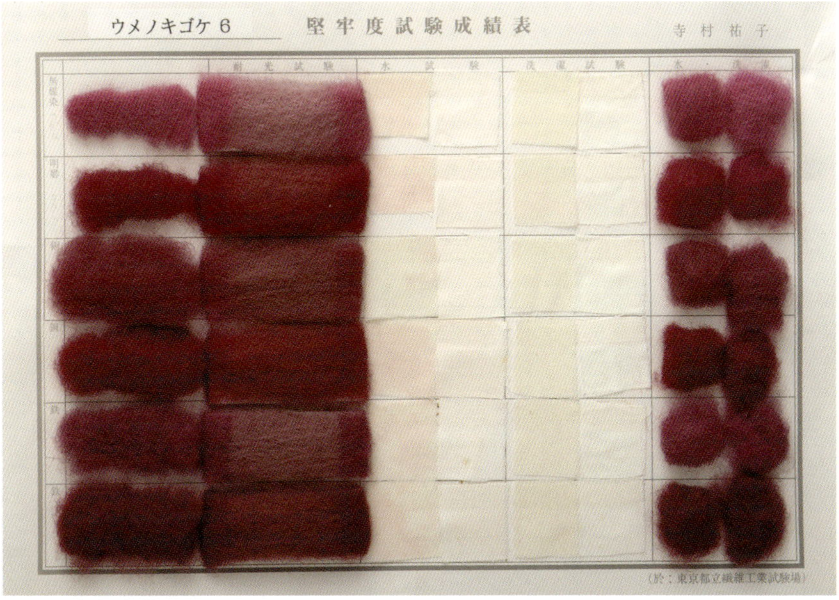

ウメノキゴケ／地衣
堅牢度試験

略歴

1937年（昭和12）	東京都渋谷区に生まれる
1962年（昭和37）	女子美術大学芸術学部工芸科卒業
	柳悦孝染織研究所助手（'64年まで）
	国展初入選（以降毎年出品）
	日本民藝館展初入選（以降'73年まで出品）
1964年（昭和39）	染織工房開設、現在に至る
	国画会会友推挙
	国画賞受賞
1970年（昭和45）	国画会会員推挙
1971年（昭和46）	個展（小田急ハルク画廊／新宿、'73年）
1974年（昭和49）	女子美術大学工芸科及び大学院で実技指導（'01年まで）
	「9人のテキスタイルデザイナー展」（ニック展示場／福岡）
1975年（昭和50）	北欧織物夏期学校に1ヵ月間参加（フィンランドその他）
1977年（昭和52）	文庫本の装丁に作品が使われる（木山捷平と水上勉、7冊、旺文社）
1980年（昭和55）	グループ展「染織展」（湯布院・大分）
1984年（昭和59）	「日本のクラフト展」（Patricia Massy主催、アメリカ国内を巡回）
1985年（昭和60）	5人展「染と織展」（盛岡平安閣）
	グループ展「織と染・布の風合展」（横浜そごう）
	国立科学博物館つくば実験植物園で染色講習会を行なう
1986年（昭和61）	特別展「草木染・地衣染展」（国立科学博物館／上野）
	「国展60周年工芸の展望展」（西武アートフォーラム／池袋）
1987年（昭和62）	「意識の中の布たち」Fiber Art展（ギャラリースペース21／新橋）
1988年（昭和63）	女子美術大学芸術学部工芸科教授
1990年（平成2）	「現代日本のテキスタイル米国展」（アイ・フォア・カルチャー主催、'91年までアメリカ国内を巡回）
	「クラフト76企画展」（ギャラリーアラキ／六本木）
1991年（平成3）	「国画会65周年記念展」（西武アートフォーラム／池袋）
1992年（平成4）	個展「植物が語る700彩―ウールの植物染色」（麻布工芸館、盛岡平安閣、名古屋市立東山植物園、北九州市井筒屋、熊本県伝統工芸館、富山県立中央植物園、札幌市立資料館、'97年まで巡回）
1994年（平成6）	目黒区立目黒美術館でワークショップ「赤を染める」を行なう
	富山県立富山中央植物園で染色講習会を行なう（'95年）
1996年（平成8）	「国画会70周年記念展」（西武アートフォーラム／池袋）
1997年（平成9）	日本官能評価学会（東京農業大学）で「植物染料の風合いについて」の講演会を行なう
1998年（平成10）	個展「女子美術大学退職教員記念展」（女子美術大学資料館）
	「コンテンポラリージャパニーズアート展」（日本美術技術センター／クラコフ・ポーランド）
1999年（平成11）	女子美術大学名誉教授
	「女流作家女子美展」（女子美術大学ガレリア・ニケ、日本橋三越本店）
2001年（平成13）	「国展イギリス展」（ブラックウェル工芸館／英国）
	「国画会75周年記念展」（西武アートフォーラム／池袋）
	「3人展」（大槻圭子、祝嶺恭子、寺村祐子）（アートギャラリー一樹／銀座）

2002年（平成14）	愛知県デザインセンターで講演会を行なう
	日本余暇文化振興会（千代田区）で講演会を行なう
	東京スピニングパーティー（晴海客船ターミナル）で講演会を行なう
	キャロットタワー（世田谷区）で染色講習会を行なう
	三鷹市教育会館で染色講習会を行なう
2003年（平成15）	個展「寺村祐子・ウールの染織展」（高崎市立染料植物園）
	高崎市染料植物園で染色講習会を行なう（’04、’05、’07、’09、’11年）
2004年（平成16）	個展「寺村祐子染織展」（千疋屋ギャラリー／京橋、’06、’09、’11年）
2006年（平成18）	昭和女子大学で講演会を行なう
	「80回記念国展工芸益子展―濱田庄司と国画会―」（益子陶芸美術館）
	「栃木県国画会工芸部代表作家展」（ギャラリーやまに／益子）
	「国画会80周年記念展」（西武アートフォーラム／池袋）
2007年（平成19）	自由学園大学で、講演会、染色講習会、染色実習授業を行なう（’09、’10、’11年）
2008年（平成20）	「柳悦孝先生の教え子4人展」（あべギャラリー／福島）
2009年（平成21）	「国展秋季展」（みともギャラリー／銀座）
	「日韓交流展」（韓国文化院／四ッ谷）
2010年（平成22）	「国展アートバトル2010展」（国立新美術館／六本木）

【研究・論文・著書など】

1978年（昭和53）	Ethel Mairet著“Vegetable Days”の翻訳を始める
	ウールの植物染色試染と堅牢度検査を始める
1981年（昭和56）	女子美術大学紀要「植物染料によるウール染色」
1982年（昭和57）	「地衣類染色法」（『Lichen』№15、地衣類学会）
1984年（昭和59）	『ウールの植物染色』（文化出版局）
	「地衣類染料とその染色法」（『染織α』1月号、染織と生活社）
1987年（昭和62）	「草木で染める」（月刊誌『グリーンパワー』1月号～12月号、朝日新聞社）
	『染める 紡ぐ 織る』（文化出版局）
	「植物で染める」（『趣味の園芸』4月号、NHK出版）
1988年（昭和63）	「染織」（高校芸術科工芸2教科書、日本文教出版）
	「染色」（高校家庭科被服教科書、教育図書）
1991年（平成3）	「植物染色を楽しむ・色に魅せられて」（『月刊ミリオン』、ミリオン書房）
1992年（平成4）	『緑の本』（共著、求龍堂）
	「羊毛を夕焼け色に染めて」（文化欄、日本経済新聞社）
	『続・ウールの植物染色』（文化出版局）
	「ユーカリがくれた茜色」（『染織α』11月号、染織と生活社）
1993年（平成5）	「実用性のあるもので生活を楽しく美しくする」（『月刊農林経済』、時事通信社）
1994年（平成6）	「植物染め」（『微笑』3月5日号、祥伝社）
	「ウメノキゴケと温泉豆腐」（『にちぎんクオータリー』、日本銀行）

	「染料になる草・木・花」(『色ー彩る・染める・粧う』淡交ムック、淡交社)
1995年 (平成7)	「地衣の紫・ユーカリの赤」(『塗装技術』2月号、理工出版社)
	「ユーカリの染色とDr.ペイトン夫妻のこと」(『季刊Aromatopia』、フレグランスジャーナル社)
1996年 (平成8)	「イギリスの天然染料と羊毛文化(上)」(『月刊民藝』12月号、日本民藝協会)
1997年 (平成9)	「イギリスの天然染料と羊毛文化(下)」(『月刊民藝』1月号、日本民藝協会)
	「地衣類の不思議な世界」(写真協力、『ナショナルジオグラフィック』2月号、日経ナショナルジオグラフィック社)
	秋号「植物で染める楽しさ、美しさ」(「のびのびライフ」No.14、郵便貯金振興会)
2002年 (平成14)	「植物で染める・紡ぐ・織る」(『婦人之友』9月号、婦人之友社)
2003年 (平成15)	「柳宗悦の美を受け継ぐものたち」(『きものサロン』春号、世界文化社)
2004年 (平成16)	訳書『植物染色』(エセル・メレ著、慶応義塾大学出版会)
	『植物染料で染める絞り染め』(豊仁美と共著、文化出版局)
2011年 (平成23)	『寺村祐子染織作品集』(求龍堂)

作品目録

No.	作品名	制作年 ／ 寸法 縦×横（cm）／ 素材 ／ 技法 ／ 染、色 ／ 初出展 ／ 所蔵
1	敷物「Composition ’64」	1964 ／ 250×160 ／ 梳毛糸 ／ ノッティング ／ 第38回国展、国画賞
2	昼夜織経絣敷物「白と黒の寓話」	1968 ／ 250×160 ／ 梳毛糸、ループ糸 ／ 昼夜織、経絣／赤、白、黒 ／ 42回国展
3	経絣昼夜織飾り布「過ぎた夏」	1968 ／ 357×92 ／ 手紡ウール ／ 昼夜織 ／ 赤、茶、白
5	ベッドカバー「Sunset in Titicaca」	1970 ／ 210×160 ／ 手紡羊毛 ／ 綴織 ／ 赤、多色 ／ 民芸館展
6	綾織飾り布「焔」	1971 ／ 210×80 ／ 梳毛糸 ／ 綾織変化 ／ 赤、茶 ／ 個展
7	綾織飾り布「時の流れ」	1971 ／ 205×80 ／ 梳毛糸 ／ 経絣綾拡大 ／ 青、ベージュ
8	飾り布「白と黒の対話」	1971 ／ 185×76 ／梳毛糸 ／ 綾織変化 ／ 白、黒
9	円形敷物「円・発進地」	1972 ／ 直径180 ／ 原毛（ロングウール）／ ノッティング ／ 白茶 ／ 民芸館展
10	楕円形敷物	1973 ／ 184×136 ／ 梳毛糸 ／ ノッティング ／ 白、赤濃淡 ／ 個展
11	絹緯絣ベッドカバー「春爛漫」	1973 ／ 250×250 ／ 絹紬糸 ／ 緯絣 ／ 蘇芳 ／ 個展
12	敷物「骨貝」①	1973 ／ 155×72 ／ 梳毛糸 ／ ノッティング ／ ベージュ、藍
13	敷物「骨貝」②	1973 ／ 160×75 ／ 梳毛糸 ／ ノッティング ／ 藍、ベージュ
14	楕円形敷物	1974 ／ 230×160 ／ 原毛 ／ ノッティング ／ 白、赤濃淡 ／ 個展
15	格子綾織飾り布	1974 ／ 各230×80 ／ 手紡ウール ／ 綾織、格子 ／ 赤、白、グレー黒
16	麻格子間仕切り	1974 ／ 230×80 ／ 麻糸 ／ 模紗織 ／ 赤、緑
17	ベッドカバー	1976 ／ 230×180 ／ 原毛（ブラックフェイス）／ 吉野織 ／ 第50回国展
18	椅子掛け	1981 ／ 160×300 ／ 手紡羊毛 ／ 経絣 ／ 第55回国展
19	敷物「My Memory」	1983 ／ 180×100 ／ 梳毛糸 ／ ノッティング ／ 白、黒、赤、茶 ／ 第57回国展
20	絹飾り布「宴」	1984 ／ 200×82 ／ 絹紬糸 ／ 経絣、平織 ／ 藍、赤、白
21	絹経絣飾り布「赤と白の対話」	1986 ／ 230 ×160 ／ 絹紬糸 ／ 経絣、平織り ／ 第60回国展 60周年
22	タペストリー「流れ」	1987 ／ 250×90 ／ 梳毛糸 ／ ノッティング
23	手紡綴織ひざかけ	1990 ／ 80×180 ／ 手紡ウール ／ 綴れ織 ／ 濃茶、赤、白
24	タペストリー「花壇」	1991 ／ 250×160 ／ 手紡羊毛 ／ 経絣 ／ 多色染 ／ 第65回国展 65周年
25	綴織敷物	1991 ／ 180×80 ／ 山羊毛、羊毛 ／ 綴織、起毛 ／ 白、灰、黒 ／ 第65回国展 65周年
26	タペストリー「カラコルムの風」	1991 ／ 240×140 ／ ウール、馬毛 ／ 手紡、綴織、カード織 ／ 第65回国展 65周年
27	タペストリー「カラコルム　夏祭り」	1992 ／ 150×95 ／ 手紡羊毛、山羊毛、馬毛 ／ 綴織、カード織 ／ 第66回国展
28	タペストリー「望・モンゴル」①	1992 ／ 270×50 ／ 手紡羊毛、山羊毛、馬毛 ／ 経絣 ／ ポーランド展にて紛失
29	タペストリー「望・モンゴル」②	1992 ／ 270×50 ／ 手紡羊毛、山羊毛、馬毛 ／ 経絣 ／ ポーランド展にて紛失
30	タペストリー「望・モンゴル」③	1992 ／ 270×50 ／ 手紡羊毛、山羊毛、馬毛 ／ 経絣 ／ ポーランド展にて紛失
31	ベッドカバー「4ビート」	1992 ／ 260×150 ／ 梳毛糸 ／ 鱗織 ／ ユーカリ染
32	ベッドカバー「8ビート」	1992 ／ 260×150 ／ 梳毛糸 ／ ユーカリ染
33	タペストリー「花朶（カダ）」	1993 ／ 250×100 ／ 手紡羊毛、山羊毛、馬毛 ／ 緯絣、カード織 ／ 第67回国展
34	タペストリー「Scotland - 8月」	1993 ／ 200×130 ／ 手紡羊毛、山羊毛、馬毛 ／ 綴織、カード織 ／ ポーランド展にて紛失
37	タペストリー「春烟」	1995 ／ 250×85 ／ 手紡羊毛、山羊毛、馬毛 ／ 経絣、六枚吉野織 ／ 第69回国展
38	絹吉野織着物	1995 ／ 絹紬 ／ 吉野格子 ／ 矢車のグレー
39	タペストリー「ユーカリの詩」①	1996 ／ 117×65 ／ 梳毛糸 ／ 鱗織 ／ ユーカリ染 ／ 植物染料展（相模原）
40	タペストリー「追想・ハリス島」	1996 ／ 240×84 ／ 原毛 ／ 手紡、鱗織 ／ 第70回国展 70周年 ／ 女子美術大学美術資料センター
41	絣ひざかけ	1996 ／ 82×200 ／ 手紡ウール ／ 緯絣、平織 ／ グレー、茶、白

No.	作品名	制作年／寸法 縦×横（cm）／素材／技法／染、色／初出展／所蔵
42	タペストリー「ルイス島の想い出」	1997／193×90／手紡羊毛(ブラックフェイス）／鱗織／第71回国展
43	タペストリー「コーンウォール　5月」	1998／220×100／手紡羊毛、山羊毛、馬毛／綴織、カード織／第72回国展
44	タペストリー「’99 春を待つ」	1999／200×90／手紡羊毛／鱗織／白、ナチュラル／第73回国展
45	タペストリー「緋紋」	2000／180×100／手紡羊毛／鱗織／白、赤／第74回国展
46	敷物「時の彼方から」	2000／80×125／原毛手紡糸／手紡、鱗織、昼夜織／白、グレー
47	タペストリー「陽春」	2001／530×82／絹紬糸／経絣、昼夜織、／第75回国展
48	タペストリー「ボスポラスの夕焼け」	2002／400×90／手紡羊毛／経絣タペストリー／第76回国展
49	タペストリー「ユーカリの詩」②	2002／130×80／梳毛糸／タペストリー／ユーカリ染
50	タペストリー「ユーカリの詩」③	2002／130×80／梳毛糸／タペストリー／ユーカリ染
51	タペストリー「カラコルム　早春」	2003／275×85／手紡羊毛、山羊毛、馬毛／綴織、カード織／第77回国展／高崎市染料植物園
52	タペストリー「オルホン村の朝」	2003／176×70／手紡ウール／鱗織、カード織／白、グレー他
53	タペストリー「スカイ島の夏（霧と風とヒースと）」	2004／250×120／手紡羊毛／綴織、カード織／第78回国展
54	タペストリー「ユーカリの大地から」	2004／150×65／手紡羊毛／鱗織／ユーカリ染
55	タペストリー「ギザギザ」①	2004／80×30／手紡羊毛／綴織
56	タペストリー「ギザギザ」②	2004／80×30／手紡羊毛／綴織
57	タペストリー「アルパカ牧場にて」	2004／170×83／手紡アルパカ／鱗織
59	椅子掛け「秋の彩」	2005／230×115／手紡羊毛（ウェンズリーデール）／経絣平織り／第79回国展
60	タペストリー「タシケントの春’06」	2006／240×97／手紡羊毛（ウェンズリーデール）、馬毛／綴織、カード織／白、ブルー／第80回国展
61	タペストリー「沙漠の風」	2006／195×64／手紡羊毛（ウェンズリーデール）、馬毛／綴織、カード織／白、ブルー
62	ヤク敷物「夜のしじま」	2006／143×65／ヤク／経畝／黒、茶、ベージュ／日本民藝館
63	手紡アルパカマント	2006／手紡アルパカ／吉野織／黒
64	タペストリー「崑崙の春」	2006／220×120／手紡羊毛、馬毛／綴織、カード織／白、紫濃淡／第81回国展
65	タペストリー「Pitch cart」①	2006／140×66／梳毛糸／鱗織、ボーダー昼夜／赤、青他
66	タペストリー「Pitch cart」②	2006／130×66／梳毛糸／鱗織、ボーダー昼夜／赤、青他
67	タペストリー「白と黒　リズム」	2007／195×85／梳毛ウール／経畝、綴れ織／白、黒／国展 受賞作家展
68	単帯	2007／395×29／梳毛ウール／昼夜織／多色植物染
69	飾り布「斑鳩の春霞み」	2008／250×135／手紡羊毛／経絣／赤、グレー、白／第82回国展
70	タペストリー「草原・春遠からじ」	2008／232×92／手紡羊毛、馬毛／綴織、カード織／白、グレー濃淡／第83回国展
71	マット「Lucieに魅せられて」	2009／90×70／梳毛ウール、綿／ノッティング／個展
72	マット「吉野」	2009／84×64／手紡リャマ／吉野織／茶ナチュラル／個展
73	タペストリー「石庭」	2009／60×77／手紡ウール／鱗織、カード織／白〜黒／個展
74	タペストリー「秋燃える」	2009／185×60／手紡ウール／鱗織、カード織／赤、藍、その他色／個展
75	タペストリー「アンデスの宴’10」	2010／300×70／手紡ウール／鱗織、ボーダー昼夜／赤、藍色／第84回国展
76	タペストリー「蒼天の風’11」	2010／240×120／手紡羊毛、馬毛／綴織、カード織／白、緑、青、灰／第85回国展
77	テーブルクロス	2011／150×45／手紡ウール／メガネ織り変化／白、黒
78	タペストリー「Olive」	2011／300×70／手紡ウール／鱗織、カード織／白、オリーブ／個展
79	タペストリー「ウェンズリーデール　薄暮」	2011／187×80／手紡ウール／鱗織、カード織／グレー濃淡、白／個展
80	絣椅子掛け「彩」	2011／238×77／手紡ウール／経絣、平織／えんじゅ、多色／個展

著者近影、個展会場にて

あとがき

私が国展に初めて出品したのは1962年、女子美を卒業した年であった。あれから50年が経とうとしている。その頃の国画会工芸部は、濱田庄司、河井寛次郎、黒田辰秋、芹澤銈介、柳悦孝、及川全三等の錚々たる先生方が集って鑑査を行なう時代だった。その次世代には現在巨匠と呼ばれる柚木沙彌郎先生をはじめ柳悦博、武内晴二郎、四本貴資、長沼孝一などの先生が若手で運営に甲斐甲斐しく携わって居られた。活気ある雰囲気は私にとってとても刺激的できらきらと輝いていた。毎回の国展鑑査の日がとても待ち遠しく思われた。

卒業制作で初入選してから2年後に会友（現在の準会員）に推挙された。その年、国画会のメンバーであったバーナード・リーチが個展のため英国から来日。リーチの作品が国展の会場に2点陳列された。私が、国展の会場に陳列されたリーチの作品を見たのは後にも先にもその年だけである。会期中、会場でリーチによる講評会が行われた。出品者が1人ずつ自己紹介して講評を受けた。国画賞を受賞した3畳大のタペストリーの私の作品について、リーチは「もっと逞しい男の人が制作したものかと思った」と流暢な日本語で言われた。舞い上がって頭の中が真っ白になっていた私はその後のことはよく覚えていないが、この時のリーチの励ましの言葉がその後の私の制作の原動力になっているのだと思う。

もうひとつ、卒業制作の作品を自宅で織っていた時のことであった。最後の2日間は完徹となった。丁度泊りに来ていた日本画家で80歳を超えていた祖父が、その2日間寝ずに私の織りの作業を見守ってくれた。このような環境に恵まれたからこそ、私は仕事を続けられたのであろう。

女子美術大学の研究室に入ったのは1974年のことで恩師の柳悦孝先生が学部長から学長になられた頃だった。1999年に退職するまでの大学での25年間を含め、柳、柚木両先生を初め多くの方々には本当にお世話になった。あっという間の50年であった。

この度、求龍堂会長の足立龍太郎氏のお勧めがきっかけで、作品集の出版をさせて頂くことになった。求龍堂編集担当の深谷路子氏、カメラマンの竹見良二氏に深く感謝している。

2011年11月

寺村祐子

謝辞（五十音順、敬称略）

伊藤良昌

入江　観

江崎光史

田邉絹絵

田邨正義

塚本俊彦

中島佐記

濱田邦夫

山田周平

女子美術大学美術資料センター

高崎市染料植物園

日本民藝館

大川千陽

寺村里華

寺《てら》村《むら》祐《ゆう》子《こ》染《せん》織《しょく》作《さく》品《ひん》集《しゅう》

発行日	2011年11月14日
著者	寺村祐子
発行者	嶋裕隆
発行所	株式会社求龍堂
	東京都千代田区紀尾井町3-23文藝春秋新館1階　〒102-0094 電話03-3239-3381（営業） 03-3239-3382（編集） http://www.kyuryudo.co.jp
印刷製本	光村印刷株式会社
撮影	竹見良二（タケミアートフォトス） except No.6, 19, 24, 26, 28, 29, 30, 33, 34, 44, 46, 51, p.48
編集・製作	深谷路子（求龍堂）
デザイン	近藤正之（求龍堂）

Printed in Japan
ISBN978-4-7630-1142-8 C0072